읽으면서 배우는
초등필수
명심보감

하유정 감수
초등국어연구소 지음
유희수 그림

카시오페아
Cassiopeia

놀이하듯 즐겁고 재미있게 익히는
초등 필수 명심보감

"선생님, 밥 잘 먹고 운동도 열심히 해서 방학 동안 5cm 자라서 올게요!"

"마음도 쑥쑥 자라서 올 거죠?"

"물론이죠! 그런데 선생님, 마음은 어떻게 해야 자라요?"

많은 친구들이 키가 쑥쑥 자라기를 바라지요. 그래서 키 크는 데 도움이 된다는 음식도 먹고 운동도 열심히 해요. 마음은 어떻게 자랄까요? 사람의 마음은 책을 먹으며 자라요. 실제로 책을 우적우적 씹어 먹어야 한다는 말은 아니에요. 책의 내용을 읽고 마음에 새기는 순간, 마음이 한 뼘씩 자란답니다.

책 중에서도 가장 영양분이 풍부한 책이 바로 '고전'이에요. 고전은 짧게는 수백 년, 길게는 수천 년을 전해 내려오며 사람들의 마음을 성장시킨 책이지요. 그만큼 담고 있는 내용이 훌륭하다고 증명된 책이면서 시대가 변해도 여전히 가치 있는 책이에요.

많은 고전이 있지만 선생님은 우리 친구들이 꼭 읽어야 할 책으로 '명심보감'을 꼽고 싶어요.

명심보감은 1393년 중국 명나라의 범립본이라는 학자가 처음으로 엮었어요. 이후 여러 학자가 내용을 다시 정리해서 새로운 책으로 만들었고요.

'명심'은 한자 '밝을 명(明)'과 '마음 심(心)'이 합쳐진 글자예요. '마음을 밝게 한다.'라는 뜻이지요. '보감'은 한자 '보배 보(寶)'와 '거울 감(鑑)'이 합쳐진 글자예요. '보배롭고 귀중한 거울'이라는 뜻이에요. 두 낱말을 합치면 '마음을 밝게 만드는 보배 같은 귀중한 거울'이라는 뜻이 되지요. 도대체 어떤 글이 실려 있기에 우리의 마음을 밝게 만드는 걸까요?

명심보감은 공자, 맹자, 장자를 비롯한 중국의 훌륭한 학자들의 말씀과 생각을 담고 있어요. 그중에서도 어린이들이 일상생활을 바르게 하는 데에 꼭 필요한 교훈, 인격을 갈고닦는 데에 꼭 필요한 이야기만을 쏙쏙 골라 엮었지요. 그래서 조선 시대 아이들은 천자문을 익히고 나면 사자소학과 함께 명심보감을 배웠대요. 명심보감은 옛날 어린이들이 가정과 서당에서 공부하던 교과서 중 하나였던 셈이에요.

우리가 앞으로 배울 명심보감은 '사람다움'에 관한 이야기라고 할 수 있어요. 구체적으로는 착하게 사는 것, 만족할 줄 아는 것, 예의를 지키는 것, 청렴하게 사는 것, 겸손하고 정의롭게 사는 것, 부모님께 효도하는 것, 형제, 친구와 우애 있게 지내는 것, 겸손, 정의, 인내, 절제를 아는 것, 바른 말을 사용하는 것에 관한 가르침이지요. 이렇게 어린이든 어른이든 일상에서 꼭 알고 실천해야 하는 가르침을 모아 두었기 때문에, 옛날 사람들은 어릴 때부터 명심보감을 항상 곁에 두고 되풀이해서 읽었다고 해요.

지금도 명심보감의 교훈은 참 중요해요. 영어, 수학 공부도 중요하지만, 그 바탕에는 사람다움에 관한 공부가 있어야 해요. 먼저 올바른 생각을 가지고, 바른 행동을 하는 사람이 되어야 영어도, 수학도 쓸모가 있거든요. 그래서 명심보감이 한 번쯤 읽어 볼 만한 책이 아니라 누구나 읽어야 할 '필독서'인 거예요.

명심보감은 아주 오래된 책이라 지금과는 딱 맞지 않는 부분이 있을 수 있어요. 하지만 옛날이나 지금이나 사람이라면 누구나 지켜야 할 도리와 진리는 변하지 않았어요. 변치 않는 진리를 담고 있는 책이 고전이고, 명심보감이에요. 그러니 '고리타분한 옛 어른들의 이야기'라 생각하지 말고 마음의 문을 활짝 열길 바라요.

어려운 한자가 많아서 덜컥 겁이 날 수도 있어요. 가르침의 내용이 깊고 넓어 어렵다고 느낄지도 모르고요. 명심보감은 어린이뿐만 아니라 어른들도 읽기 쉽지 않은 책이에요. 그래서 『놀면서 배우는 초등 필수 명심보감』은 보석 같은 내용을 누구나 쉽게 읽을 수 있도록 고전의 내용을 쉽고 재미있게 풀어 두었어요. 명심보감 구절의 속뜻을 뭉식이와 친구들의 유쾌한 이야기에 담았고, 요즘 우리 친구들의 생활에도 적용할 수 있도록 친절한 설명도 덧붙였어요.

우리 몸은 좋은 음식을 먹고, 운동을 열심히 해야 건강해지지요. 마음은 어떨까요? 좋은 것을 읽고 배워야 마음이 건강해져요.

오늘부터 매일 읽는 명심보감 한 구절이 여러분의 마음을 튼튼하게 해 줄 거예요. 고전이라고 너무 어렵게만 생각하지 마세요. '아, 옛사람들은 이런 문장을 익히고 외우며 일상생활에서 실천했구나!' 하면서 천천히 읽어 보세요. 명심보감의 뜻 그대로 마음을 밝히는 보배로운 거울을 느낄 수 있을 거예요.

물론 읽기만 하는 게 아니라 배운 것은 생활 속에서 실천해야겠지요? 그럼, 지금부터 귀여운 친구들이 들려주는 명심보감 이야기 속으로 들어가 볼까요?

– 하유정(초등 교사, 유튜브 '어디든학교' 운영)

시작하기 전에 이것만은 꼭!

✓ 가급적 아이와 '함께' 이 책을 활용해 주세요. 그러면 아이는 주 양육자와의 공부 시간을 즐거운 추억으로 기억할 수 있게 됩니다.

✓ 시간에 쫓기지 마세요. 다만, 공부 시간을 규칙적으로 확보해 주세요. 시간에 쫓기며 하는 것보다는 여유로운 마음으로 해야 공부도 더 잘됩니다.

✓ 빨리할 때 칭찬하지 말고 열심히 할 때 칭찬해 주세요. 아이가 '빨리'보다는 '열심히'에 강화될 수 있게 해 주세요. 공부의 기초를 다지는 초등 시기에는 신속성보다 정확성이 더 요구됩니다.

✓ 한 번에 많이 하는 것보다는 꾸준히 오래 하는 것이 훨씬 중요합니다. 조금씩 하되, 꾸준히 오래 하여 끝맺는 습관은 아이의 공부 습관의 토대가 되어 줍니다.

차례

1주 착한 일 **계선, 천명 편**

2주 만족하는 삶 **안분, 순명 편**

3주 가족, 친구 간의 예의 **효행, 안의 편**

함께 명심보감을 공부할 친구들

뭉식　　유자　　라미　　보리　　콩　몽　　레오

이 책의 활용법

『놀면서 배우는 초등 필수 명심보감』은 이런 책이에요.

어린이들이 반드시 알아야 할 필수 명심보감을 한 권에 모았습니다. 하루에 10분씩, 일주일에 5일, 10주간 50구절의 명심보감을 공부하며 국어 공부의 기본인 표현력, 어휘력, 독해력, 문해력을 기를 수 있습니다.

처음부터 끝까지 흥미를 잃지 않고 재미있게 명심보감을 배울 수 있는 6단계 학습법!

1단계
초등 필수 명심보감을 눈으로 익힙니다.

2단계
이 구절은 무슨 뜻일까요? 한자 그대로의 뜻과 어린이들의 눈높이에 맞춰 재해석한 내용을 읽고 배웁니다.

3단계
유쾌 발랄! 뭉식이와 친구들이 등장하는 재미있는 만화를 보면서 명심보감의 뜻을 다시 한번 새깁니다.

4단계
명심보감의 뜻을 완성하는 표현력 문제, 비슷한 뜻의 사자성어와 속담을 찾는 어휘력 문제, 글을 읽고 질문에 답하는 독해력 문제로 문해력을 향상시킬 수 있습니다.

5단계

일주일 동안 배운 명심보감 내용 중 주요 구절을 직접 따라 쓰면서 완벽히 내 것으로 만듭니다.

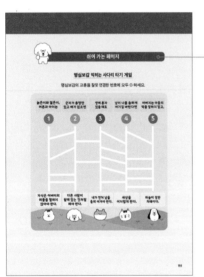

6단계

가로세로 낱말 퍼즐, 서로 맞는 짝 찾기, 사다리 게임 등 재미있는 놀이를 통해 일주일간 배운 내용을 한 번 더 복습합니다.

보너스 부록
QR 코드를 스캔해 이 책의 답안지를 다운로드 받으세요.

최고 멋쟁이 _____ (이)의
한 권 끝 계획표

- 총 50일, 이 책을 공부하는 동안 아이가 사용하는 한 권 끝 계획표입니다. 하루 10분, 날마다 적당한 분량을 공부할 수 있도록 2쪽으로 구성했습니다.

- 한 권 끝 계획표를 사용하기 전, 가장 먼저 상단 제목 빈칸에 아이가 직접 자신의 이름을 쓰도록 지도해 주세요. 책임감을 기르고 자기 주도 학습의 출발점이 됩니다.

- 아이가 한 권 끝 계획표를 야무지게 활용할 수 있도록 다음과 같이 지도해 주세요.
  ❶ 공부를 시작하기 전, 한 권 끝 계획표에 공부 날짜를 씁니다.
  ❷ 공부 날짜를 쓴 다음, 공부 내용과 쪽수를 스스로 확인합니다.
  ❸ 책장을 넘겨서 신나고 즐겁게 그날의 내용을 공부합니다.
  ❹ 공부를 마친 후, 다시 한 권 끝 계획표를 펼쳐 공부 확인에 표시합니다.

- 한 권 끝 계획표의 공부 확인에는 공부를 잘 마친 아이가 느낄 수 있는 감정을 그림으로 담았습니다. 그날의 공부를 마친 아이가 ⭐ (신남), 🖤 (설렘), 🙂 (기쁨)을 살펴보고 표시하면서 성취감을 느낄 수 있도록 많이 격려하고 칭찬해 주세요.

착한 일 계선, 천명 편

1주	공부 날짜		공부 내용	쪽수	공부 확인
월요일	월	일	위선자 천보지이복 위불선자 천보지이화	쪽	★ ♥ ☺
화요일	월	일	물이선소이불위 물이악소이위지	쪽	★ ♥ ☺
수요일	월	일	은의광시 인생하처불상봉 수원 막결 노봉협처 난회피	쪽	★ ♥ ☺
목요일	월	일	인간사어 천청 약뢰	쪽	★ ♥ ☺
금요일	월	일	종과득과 종두득두	쪽	★ ♥ ☺

만족하는 삶 안분, 순명 편

2주	공부 날짜		공부 내용	쪽수	공부 확인
월요일	월	일	지족가락 무탐즉우	쪽	★ ♥ ☺
화요일	월	일	지족자 빈천역락 부지족자 부귀역우	쪽	★ ♥ ☺
수요일	월	일	남상 도상신 망동 반치화	쪽	★ ♥ ☺
목요일	월	일	화불가행면 복불가재구	쪽	★ ♥ ☺
금요일	월	일	만사분이정 부생 공자망	쪽	★ ♥ ☺

가족, 친구 간의 예의 **효행, 안의 편**

3주	공부 날짜	공부 내용	쪽수	공부 확인
월요일	월 　 일	부혜생아 모혜국아 욕보심은 호천망극	쪽	⭐ ❤️ 🙂
화요일	월 　 일	효어친 자역효지 신기불효 자하효언	쪽	⭐ ❤️ 🙂
수요일	월 　 일	부명소 유이불락 식재구 즉토지	쪽	⭐ ❤️ 🙂
목요일	월 　 일	형제 위수족 부부 위의복 의복파시 갱득신 수족단처 난가속	쪽	⭐ ❤️ 🙂
금요일	월 　 일	부불친혜빈불소 차시인간대장부	쪽	⭐ ❤️ 🙂

맑고 청렴한 삶 **정기, 치정 편**

4주	공부 날짜	공부 내용	쪽수	공부 확인
월요일	월 　 일	견인지선 이심기지선 견인지악 이심기지악	쪽	⭐ ❤️ 🙂
화요일	월 　 일	과전불납리 이하부정관	쪽	⭐ ❤️ 🙂
수요일	월 　 일	도오선자 시오적 도오악자 시오사	쪽	⭐ ❤️ 🙂
목요일	월 　 일	이불문인지비 목불시인지단 구불언인지과	쪽	⭐ ❤️ 🙂
금요일	월 　 일	일명지사 구유존심어애물 어인 필유소제	쪽	⭐ ❤️ 🙂

겸손하고 정의로운 삶 **성심, 존심 편**

5주	공부 날짜		공부 내용	쪽수	공부 확인
월요일	월	일	명경 소이찰형 왕자 소이지금	쪽	⭐ ❤️ 😊
화요일	월	일	화호화피난화골 지인지면부지심	쪽	⭐ ❤️ 😊
수요일	월	일	황금천냥 미위귀 득인일어승천금	쪽	⭐ ❤️ 😊
목요일	월	일	무고이득천금 불유대복 필유대화	쪽	⭐ ❤️ 😊
금요일	월	일	박시후망자 불보 귀이망천자 불구	쪽	⭐ ❤️ 😊

인내와 절제 **계성 편**

6주	공부 날짜		공부 내용	쪽수	공부 확인
월요일	월	일	인성여수 수일경즉 불가복 성일종즉 불가반	쪽	⭐ ❤️ 😊
화요일	월	일	인일시지분 면백일지우	쪽	⭐ ❤️ 😊
수요일	월	일	굴기자 능처중 호승자 필우적	쪽	⭐ ❤️ 😊
목요일	월	일	아약피인매 양롱불분설	쪽	⭐ ❤️ 😊
금요일	월	일	범사유인정 후래호상견	쪽	⭐ ❤️ 😊

공부의 즐거움 **근학 편**

7주	공부 날짜		공부 내용	쪽수	공부 확인
월요일	월	일	인생불학 여명명야행	쪽	⭐ ❤️ 😊
화요일	월	일	가약빈 불가인빈이폐학 가약부 불가시부이태학	쪽	⭐ ❤️ 😊
수요일	월	일	박학이독지 절문이근사 인재기중의	쪽	⭐ ❤️ 😊
목요일	월	일	옥불탁 불성기 인불학 부지의	쪽	⭐ ❤️ 😊
금요일	월	일	학여불급 유공실지	쪽	⭐ ❤️ 😊

사람 간의 예의 **준례 편**

8주	공부 날짜		공부 내용	쪽수	공부 확인
월요일	월	일	노소장유 천분질서 불가패리이상도야	쪽	⭐ ♥ ☺
화요일	월	일	군자유용이무례 위란 소인유용이무례 위도	쪽	⭐ ♥ ☺
수요일	월	일	출문여견대빈 입실여유인	쪽	⭐ ♥ ☺
목요일	월	일	약요인중아 무과아중인	쪽	⭐ ♥ ☺
금요일	월	일	부불언자지덕 자불담부지과	쪽	⭐ ♥ ☺

바른 말 **언어 편**

9주	공부 날짜		공부 내용	쪽수	공부 확인
월요일	월	일	이인지언 난여면서 상인지어 이여형극	쪽	⭐ ♥ ☺
화요일	월	일	언부중리 불여불언	쪽	⭐ ♥ ☺
수요일	월	일	구시상인부 언시할설도 폐구심장설 안신처처뢰	쪽	⭐ ♥ ☺
목요일	월	일	일언부중 천어무용	쪽	⭐ ♥ ☺
금요일	월	일	주봉지기천종소 화불투기일구다	쪽	⭐ ♥ ☺

좋은 친구 **교우 편**

10주	공부 날짜		공부 내용	쪽수	공부 확인
월요일	월	일	여선인거 여입지란지실 구이불문기향 즉여지화의	쪽	⭐ ♥ ☺
화요일	월	일	상식 만천하 지심능기인	쪽	⭐ ♥ ☺
수요일	월	일	주식형제 천개유 급난지붕 일개무	쪽	⭐ ♥ ☺
목요일	월	일	불결자화 휴요종 무의지붕 불가교	쪽	⭐ ♥ ☺
금요일	월	일	노요지마력 일구견인심	쪽	⭐ ♥ ☺

월요일

위선자 천보지이복 爲善者 天報之以福
위불선자 천보지이화 爲不善者 天報之以禍

> **구절의 뜻** 착한 일을 하는 사람에게는 하늘이 복을 내려 주고, 악한 일을 하는 사람에게는 하늘이 벌을 준다.
>
> 작은 일이라도 착한 일을 하면 복으로 돌아오고, 나쁜 일을 하면 언젠가는 벌을 받아요. 그래서 우리는 나쁜 일은 하지 말고 착한 일은 많이 하며 살아야 하지요.

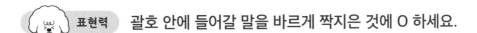 **표현력** 괄호 안에 들어갈 말을 바르게 짝지은 것에 O 하세요.

(   ) 일을 하는 사람에게는 하늘이 (   )을 내려 주고, 악한 일을 하는 사람에게
는 하늘이 벌을 내리기에 우리는 착한 일을 하며 살아야 해요.

① 나쁜, 복   ② 착한, 복   ③ 착한, 꿀

물이선소이불위 勿以善小而不爲
물이악소이위지 勿以惡小而爲之

구절의 뜻 아무리 작은 일이라도 착한 일은 하고, 아무리 작은 일이라도 나쁜 일은 하지 말아야 한다.

별것 아니라고 생각한 작은 일이 큰일로 번지는 경우가 참 많지요. 그래서 우리는 아무리 작은 일이라도 착한 일은 하고, 나쁜 일은 하지 말아야 해요. 나의 작은 행동이 훗날 어떤 결과를 가져올지 아무도 모르니까요.

어? 돈이다!

저기 가는 친구가 떨어뜨린 것 같은데!

뭉식아, 큰돈도 아닌데 그냥 네가 가져. 저 아이를 봐. 돈을 흘린 것도 모르잖아. 이걸로 떡볶이 사 먹자.

뭉식아, 돈을 주웠으면 당연히 주인을 찾아 줘야지. 1,000원이라도 저 아이에게는 소중한 돈이야.

에잇, 이 나쁜 녀석! 저리 가!

 어휘력 속담을 설명하는 글을 읽고 O 안에 들어갈 말을 고르세요.

'죄는 지은 데로 가고, 덕은 닦은 데로 간다.'는 속담이 있어요. 덕을 베푼 사람에게는 보답이 있고, 죄를 지은 사람에게는 벌이 내려진다는 말이지요. 옛사람들은 나쁜 일을 하면 반드시 그 대가를 치르게 되므로 OO O을 하며 살라고 말했어요.

① 못된 일　　　　② 착한 일　　　　③ 쉬운 일

수요일 은의광시 인생하처불상봉 恩義廣施 人生何處不相逢
수원 막결 노봉협처 난회피 讐怨 莫結 路逢狹處 難回避

구절의 뜻 은혜와 의리를 널리 베풀라. 사람은 살면서 어디선가 서로 만나게 되기 마련이다.

사람이 살다 보면 어디서든 다시 만날 수 있어요. 그러므로 만나는 사람들이 누구든 예의 있게 대하고, 모르는 사이라도 어려움에 처한 사람을 보면 도움을 주어야 해요.

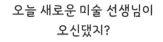

 **독해력** 명심보감의 가르침에 맞게 행동한 사람을 고르세요.

은혜와 의리를 널리 베풀라. 사람은 살면서 어디선가 서로 만나게 되기 마련이다.
사람과 원한을 맺지 말라. 길을 가다가 좁은 곳에서 원수와 마주치면 피할 수 없다.

① 찬홍: 버스에서 어떤 사람이 넘어졌는데 모르는 척했어. 우리 가족 일도 아닌데 뭐.

② 학규: 나에게 잘못을 한 친구에게 화를 내고 다시는 보지 않기로 했더니 속이 시원해.

③ 예린: 용돈을 모아 어려운 이웃에게 보냈어. 얼굴은 몰라도 우린 모두 이웃이니까.

인간사어 천청 약뢰 人間私語 天聽 若雷

구절의 뜻 사람들이 작게 속삭이는 말도 하늘이 들을 때는 천둥과 같이 크다.

남들 모르게 하는 작은 행동도 누군가는 지켜보고 있다는 걸 잊지 마세요. 우리는 하늘 아래 부끄럽지 않도록 바른 행동을 하며 살아야 한답니다.

대왕 비행기 드디어 완성!

오~ 멋진데!

이제 청소하자.

응. 여기 색칠만 하고.

어? 엄마! 지금 갈게요~.

보리야! 청소해야지, 어디 가?

엄마가 지금 빨리 오라고 하시네. 나 먼저 갈게!

보리 저 녀석!

보리는 지저분하다. 청소도 안 하고, 정리도 안 한다. 분명히 목욕도 잘 안 할 것이다.

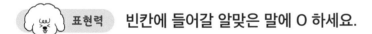 **표현력** 빈칸에 들어갈 알맞은 말에 O 하세요.

명심보감의 구절 '인간사어 천청 약뢰'는 누군가는 반드시 나의 행동을 지켜보고 있
으니,　　　　　　　　　　살아야 한다는 뜻이에요.

① 스스로 자랑을 하며　　　　　　② 바른 행동을 하며

③ 친구의 잘못을 지적하며

금요일 종과득과 종두득두 種瓜得瓜 種豆得豆

구절의 뜻 오이를 심으면 오이를 거두고, 콩을 심으면 콩을 거둔다.

오늘 덕을 쌓으면 훗날 복이 돌아오고, 오늘 악을 쌓으면 훗날 화를 입게 됩니다. 오늘 내가 한 행동은 나중에 그대로 나에게 돌아오게 되니 바른 행동을 하며 살라는 가르침이에요.

 어휘력 '종과득과 종두득두'와 같은 뜻을 가진 말을 고르세요.

'종과득과 종두득두'는 내가 행동한 대로 결과가 돌아오니, 착한 일을 하여 덕을 쌓으면 훗날 반드시 복을 받는다는 가르침이에요.

① 감언이설: 귀에 솔깃한 달콤한 말로 다른 사람을 꾀어내다.

② 박장대소: 손뼉을 치며 크게 웃는다.

③ 인과응보: 좋은 일을 하면 좋은 결과가 따르고, 나쁜 일을 하면 나쁜 결과가 따른다.

쓰기 능력 키우기

선을 따라 글자를 쓰면서 배운 내용을 익히세요.

아	무	리		작	은		일	
이	라	도		착	한		일	
은		하	고	,		아	무	리 ✓
작	은		일	이	라	도		
나	쁜		일	은			하	지 ✓
말	아	야		한	다	.		

명심보감 익히는 짝 찾기

서로 맞는 짝을 찾아 줄로 이으세요.

은혜와 의리를 널리 베풀라.	사람은 살면서 어디선가 서로 만나게 되기 마련이다.
오이를 심으면 오이를 거두고,	악한 일을 하는 사람에게는 하늘이 벌을 준다.
아무리 작은 일이라도 착한 일은 하고,	콩을 심으면 콩을 거둔다.
착한 일을 하는 사람에게는 하늘이 복을 내려 주고,	아무리 작은 일이라도 나쁜 일은 하지 말아야 한다.
사람들이 작게 속삭이는 말도	하늘이 들을 때는 천둥과 같이 크다.

지족가락 무탐즉우 知足可樂 務貪則憂

구절의 뜻 만족한 줄 알면 즐겁고, 탐욕에 집착하면 근심이 생긴다.

'왜 우리 집은 부자가 아닐까?', '왜 나는 친구들보다 키가 작을까?' 하며 내가 가지지 못한 것에 욕심을 부리거나 괴로워하고 있지 않나요? 내가 지금 가진 것을 먼저 돌아보고 그것에 감사하고 만족하는 마음을 가져 보세요.

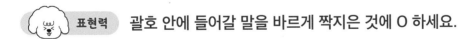 **표현력** 괄호 안에 들어갈 말을 바르게 짝지은 것에 O 하세요.

'지족가락 무탐즉우'는 내가 가진 것에 만족할 줄 알면 (   ), 내가 가지지 못한
것에 욕심을 내면 (   )이 생긴다는 뜻이에요.

① 벌을 받고, 복   ② 즐겁고, 근심   ③ 슬프고, 행복

화요일

지족자 빈천역락 知足者 貧賤亦樂
부지족자 부귀역우 不知足者 富貴亦憂

> **구절의 뜻** 만족한 줄 아는 사람은 가난하고 천해도 즐겁고, 만족한 줄 모르는 사람은 부귀해도 걱정이 많다.
>
> 아무리 부자이고, 높은 자리에 오른 사람이라도 스스로 만족하지 못한다면 즐겁게 살 수 없어요. 더 많은 돈을 모으고, 더 높은 자리에 가기 위해 조바심 내며 걱정 속에 살 테니까요. 사람의 욕심은 끝이 없기에 지금 내가 가진 것에 만족하고 즐거워할 줄 아는 자세가 필요하답니다.

 어휘력 속담을 설명하는 글을 읽고 O 안에 들어갈 말을 고르세요.

'말 타면 경마 잡히고 싶다.'라는 속담이 있어요. '경마'는 말을 이끌 때 쓰는 줄을 뜻하는데, 가난했던 선비가 관직에 올라 말을 타게 되니 이제는 말을 이끄는 하인도 부리고 싶은 마음이 생겼다는 데에서 만들어진 속담이지요. '사람의 욕심은 끝이 없으니 OO할 줄 알아야 한다.'는 명심보감의 가르침과 같은 뜻이에요.

① 기대 　　　 ② 만족 　　　 ③ 포기

남상 도상신 망동 반치화 濫想 徒傷身 妄動 反致禍

구절의 뜻 쓸데없는 생각은 정신을 상하게 하고, 경솔한 행동은 재앙만 불러들인다.

지나치게 많은 생각을 하면 건강을 해칠 수 있고, 조심성 없이 가벼운 행동을 하면 사고를 부를 수 있다는 뜻이에요. 생각만 너무 많이 하지 말고 행동으로 옮기되, 행동할 때는 신중하게 하라는 가르침이지요.

 **독해력** 대화를 통해 얻은 교훈을 바르게 말한 친구를 고르세요.

시아: 어제 한숨도 못 자서 너무 피곤해. 저녁부터 눈이 너무 많이 왔잖아.

학교에 갈 수 있을까, 넘어지면 어쩌나, 그런 걱정을 하다 아침이 된 거 있지?

수빈: 어휴, 너는 생각이 너무 많아 탈이야.

① 은진: 서두르면 일을 그르칠 수 있어.　　　② 현오: 남을 돕는 사람이 되어야지.

③ 연아: 지나치게 많은 생각을 하면 건강을 해칠 수 있어.

화불가행면 복불가재구 禍不可倖免 福不可再求

구절의 뜻 재앙은 요령으로 면할 수 없고, 복은 두 번 다시 구할 수 없다.

바르게 행동하지 않아서 재앙이 닥쳤다면 꾀나 요령으로 벗어날 수 없고, 한번 지나간 좋은 기회는 쉽게 다시 오지 않아요. 평소에 바르고 성실하게 살면서 꾸준히 노력하는 사람만이 복을 받고 좋은 기회를 얻을 수 있지요.

수학은 너무 어려워! 하나도 못 풀겠네~.

아무도 없는데, 답지를 살짝 볼까?

엄마, 저 수학 문제 다 풀었어요~.

엄마가 채점해 놓을게. 친구들이랑 놀다 오렴.

보리야! 너 웬일이니? 1개도 안 틀렸네!

오~ 보리 이번 시험 1등 하는 거 아니야?

명심보감에서는 '재앙은 요령으로 면할 수 없고, 복은 두 번 다시 구할 수 없다.'고 했어요. 바르게 행동하지 않아 재앙이 닥쳤다면 꾀로 벗어날 수 없고, 한 번 지나간 좋은 기회는 쉽게 다시 오지 않으므로　　　　　　　　　살아야 한다는 뜻이에요.

① 자연을 보호하며　　　② 후회를 하고　　　③ 바르고 성실하게

만사분이정 부생 공자망 _{萬事分已定 浮生 空自忙}

> **구절의 뜻** 모든 일의 분수는 이미 정해져 있는데 사람들은 그것을 알지 못하고 허둥지둥 바빠 한다.
>
> 모든 일은 순리대로 흘러가기 마련인데, 사람들은 각자 자기가 중요하다고 생각하는 급한 일만 해결하느라 정말 중요한 것을 놓치고 말아요. 옛사람들은 주어진 일을 차분히 해결하며 하루하루를 알차고 보람 있게 보내면 의미 있는 삶을 살 수 있다고 했어요.

뭉식이 이 꼬마야. 너는 언제 나만큼 클래?

치!

형은 반에서 키가 제일 큰데…. 왜 나는 키가 안 자랄까? 나도 키 크고 싶다아아아~!

유자야, 어떻게 하면 너처럼 키가 클 수 있어?

나는 우유를 하루에 2개씩 먹어. 너도 우유를 많이 먹어 봐.

벌컥 벌컥

유자 말대로 우유를 열심히 먹었는데 키가 안 크네.

 어휘력 **사자성어 '사필귀정'을 바르게 설명한 친구를 고르세요.**

다른 사람을 부러워하며 남의 것을 탐내지 말고, 부지런히 자기 할 일을 하면 모든 일은 정해진 대로 이루어진답니다. 이런 뜻을 가진 사자성어가 '사필귀정'이에요.

① 나리: 처음에는 그릇된 것처럼 보이는 일도 결국은 모두 바르게 돌아간다는 뜻이야.

② 유진: 자기 몸을 희생해서 옳은 일을 한다는 뜻이야.

③ 도연: 세상이 몰라볼 정도로 많이 바뀌었다는 뜻이야.

쓰기 능력 키우기

선을 따라 글자를 쓰면서 배운 내용을 익히세요.

족	한		줄		아	는		
사	람	은		가	난	하	고	∨
천	해	도		즐	겁	고	,	
족	할		줄		모	르	는	∨
사	람	은		부	귀	해	도	∨
걱	정	이		많	다	.		

명심보감 익히는 사다리 타기 게임

명심보감의 교훈을 잘못 연결한 번호에 모두 O 하세요.

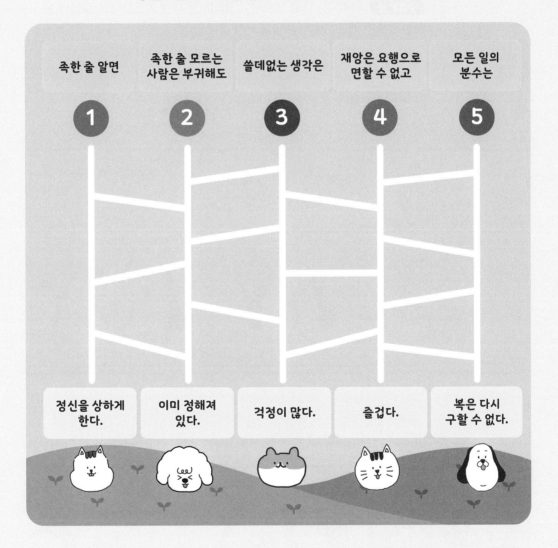

월요일

부혜생아 모혜국아 父兮生我 母兮鞠我
욕보심은 호천망극 欲報深恩 昊天罔極

> **구절의 뜻** 아버지는 나를 낳으시고, 어머니는 나를 기르셨다. 부모님의 은혜는 갚으려 해도 하늘처럼 넓고 커서 끝이 없다.
>
> 내가 이 세상에 태어날 수 있었던 것도, 내가 지금까지 건강히 잘 지낼 수 있는 것도 나를 낳고 기르느라 애쓰신 부모님 덕분이에요. 그런 부모님의 은혜는 다 갚을 수 없을 만큼 너무나도 넓고 깊지요.

아빠 개가 잠도 안 자고
새끼들을 지키고 있어.

덕분에 강아지들이
안전하게
엄마 젖을 먹네.

피곤~

어미 개는 밥도
못 먹었나 봐. 그런데도
새끼들을 위해 젖을 주네.

자기 몸은 챙기지도
않고 새끼들을 위해
희생하고 있어.

그렁그렁

우리 엄마 아빠도 외식하면 나랑 동생 챙겨 주시느라 하나도 안 드시는데.

우리 부모님도 피곤하다고 하시면서 주말에는 꼭 나랑 놀아 주셔.

엄마 아빠 감사해요. 이 유자가 커서 효도할 때까지 건강하세요!

효도는 미래에 하는 게 아니야. 지금 당장 해야지!

그래! 우리 당장 집에 가서 부모님 어깨라도 주물러 드리자.

좋았어!

 독해력 **명심보감 구절을 읽고 바르게 행동한 친구를 찾으세요.**

아버지 나를 낳으시고 어머니 나를 기르셨네. 나를 낳고 기르시느라 애쓰고 수고하신 부모님의 은혜는 하늘처럼 넓고 커서 아무리 노력해도 갚을 수가 없네.

① 진우: 스마트폰을 사 달라고 일주일째 아빠를 조르고 있어.

② 성민: 어버이날 부모님께 감사 편지를 써서 드렸어.

③ 이든: 요즘 매일 누나와 싸워서 부모님이 속상해하셔.

효어친 자역효지 孝於親 子亦孝之
신기불효 자하효언 身旣不孝 子何孝焉

구절의 뜻 내가 어버이에게 효도하면 내 자식 또한 나에게 효도한다. 내가 이미 어버이에게 효도를 하지 않았는데, 자식인들 어찌 나에게 효도를 하겠는가?

어버이를 잘 섬기는 일을 '효(孝)'라고 해요. 효는 화목한 집안의 기본 덕목이지요. 어른을 공경하고 잘 섬기는 부모를 보고 자란 자식은 자신의 부모에게도 효도한다고 해요. 이렇게 가족은 서로의 본보기가 된답니다.

 어휘력 속담을 설명하는 글을 읽고 O 안에 들어갈 말을 고르세요.

'효자 집에 OO 난다.'라는 속담이 있어요. 부모가 효도하는 것을 보고 자란 자식은 누가 시키지 않아도 부모에게 효도하고, 부모에게 불효하는 것을 보고 자란 자식은 효도할 줄을 모른다는 뜻이지요. 명심보감의 '효어친 자역효지, 신기불효 자하효언' 과 같은 뜻이에요.

① 천재   ② 불효   ③ 효자

수요일　부명소 유이불락 父命召 唯而不諾
식재구 즉토지 食在口 則吐之

구절의 뜻 아버지께서 부르시면 "예" 하고 대답하고 망설임 없이 달려갈 것이요, 입안에 음식이 들어 있으면 즉시 뱉을 것이다.

일상생활 속에서 할 수 있는 부모 공경을 나타낸 말로, 부모님의 말씀에 늘 귀 기울이는 사람이 되라는 가르침이에요.

 독해력 대화를 읽고 상황과 어울리는 명심보감의 가르침을 찾으세요.

다솜: 민찬아, 어디 갔었어? 너희 엄마가 찾으시던데?

민찬: 별일 아니야. 핸드폰 게임을 하느라 엄마 전화를 못 받았거든.

다솜: 부모님이 찾으시면 얼른 대답을 해야지. 무슨 일이 생겼을까 봐 걱정하시더라.

① 착한 일을 하는 사람에게는 하늘이 복을 내린다.

② 부모님이 부르시면 곧바로 답하라.　　　　③ 족한 줄 알면 즐겁다.

형제 위수족 부부 위의복 兄弟 爲手足 夫婦 爲衣服
의복파시 갱득신 수족단처 난가속 衣服破時 更得新 手足斷處 難可續

> **구절의 뜻** 형제는 손발과 같고 부부는 의복과 같다. 옷이 해어지면 새것으로 바꿀 수 있지만, 손발이 끊어지면 잇기가 어렵다.
>
> 한 부모에게서 태어난 형제와 자매는 우리 몸의 두 손, 두 발과 같이 멀리하려 해도 멀리할 수 없고, 끊으려고 해도 끊을 수 없는 소중한 사이이므로 서로 아끼고 사랑해야 한다는 뜻이에요.

 **빈칸에 들어갈 알맞은 말에 O 하세요.**

명심보감 '안의' 편에는 '형제는 손발과 같고 부부는 의복과 같다. 옷이 해어지
면 새것으로 바꿀 수 있지만, 손발이 끊어지면 잇기가 어렵다.'는 말이 나와요.
　　　에 대한 가르침이지요.

① 이웃을 위하는 마음　　　② 부모에 대한 공경　　　③ 형제 간의 우애

금요일

부불친혜빈불소 富不親兮貧不疎
차시인간대장부 此是人間大丈夫

> **구절의 뜻** 부유하다고 해서 가까이하지 않고, 가난하다고 해서 멀리하지도 않으니 이러한 사람이 바로 대장부이다.

 옛날 사람들은 큰 뜻을 품고 옳은 생각과 행동을 하는 어른을 '대장부'라고 불렀어요. 대장부는 사람을 사귈 때 돈이나 지위를 보지 않고 사람의 됨됨이를 봤다고 해요. 돈과 지위는 언제든지 사라질 수 있지만, 사람이 가진 바른 성품은 사라지지 않거든요. 여러분은 사람을 사귈 때 어떤 면을 보나요?

있지~ 네가 우리 반에서 영어 제일 잘하잖아. 예상 문제 좀 콕콕 짚어 줄 수 있어?

내가 왜 너한테 문제를 찍어 줘?

그리고 나는 시험 준비도 제대로 안 하는 친구랑은 친하게 지내고 싶지 않은데?

아니, 그러지 말고~.

보리 쟤 갑자기 공부 잘하는 하늘이한테 가서 친한 척을 하네?

대장부는 부유하다고 해서 가까이하지 않고, 가난하다고 해서 멀리하지도 않는다고 했는데.

보리는 대장부가 되려면 멀었구나!

어휘력 '부불친혜빈불소 차시인간대장부'는 좋은 친구를 사귀는 법에 대한 가르침이에요. 다음 중 친구에 대한 속담이 아닌 것을 고르세요.

① 친구는 옛 친구가 좋고, 옷은 새 옷이 좋다.

② 고슴도치에게도 친한 친구가 있다.

③ 자라 보고 놀란 가슴 솥뚜껑 보고 놀란다.

쓰기 능력 키우기

선을 따라 글자를 쓰면서 배운 내용을 익히세요.

아	버	지	나	를	낳
으	시	고	어	머	니
나	를	기	르	셨	다 .
부	모	님	의	은	혜 를 ✓
갚	으	려	해	도	하
늘	처	럼	넓	고	커
서	끝	이	없	다 .	

명심보감 익히는 가로세로 낱말 퍼즐

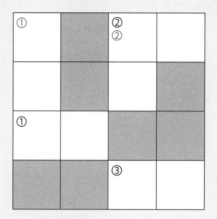

가로 열쇠

① 아버지와 어머니를 아울러 이르는 말.

'○○ 공경은 명심보감의 중요한 가르침이다.'

② 부모를 정성껏 잘 섬기는 일.

'내가 어버이에게 ○○하면 내 자식 또한 나에게 ○○한다.'

③ 형과 아우를 아울러 이르는 말.

'○○는 손발과 같다.'

세로 열쇠

① 옳은 생각과 행동을 하는 어른.

'○○○는 친구를 사귈 때 돈이나 지위를 보지 않고

사람의 됨됨이를 본다.'

② 부모를 잘 모시는 자식.

'호동이는 몸이 불편하신 부모님을 극진히 모셔

○○로 알려졌다.'

견인지선 이심기지선 見人之善 而尋己之善
견인지악 이심기지악 見人之惡 而尋己之惡

월요일

> **구절의 뜻** 다른 사람의 선한 면을 보면 거기에서 나의 선함을 찾고, 다른 사람의 악한 면을 보면 거기에서 나의 악함을 찾아야 한다.
>
> 다른 사람의 잘못된 행동을 봤다면 흉보지 말고 혹시 나도 같은 잘못을 하고 있지 않나 돌아보세요. 다른 사람의 훌륭한 행동을 봤다면 깎아내리거나 시기하지 말고 본받을 방법을 찾아보세요.

 어휘력 글을 읽고 명심보감 구절과 다른 뜻을 가진 말에 O 하세요.

명심보감의 '견인지선 이심기지선 견인지악 이심기지악'은 다른 사람의 말이나 행동을 거울 삼아 나의 몸과 마음을 바르게 하라는 뜻이에요.

① 타산지석: 남의 하찮은 말이나 행동도 나의 인격을 수양하는 데에 도움이 될 수 있다.

② 박학다식: 학식이 넓고 아는 것이 많다.

③ 반면교사: 다른 사람의 잘못된 일과 실패를 거울 삼아 나의 행동을 바로잡는다.

과전불납리 이하부정관 瓜田不納履 李下不正冠

구절의 뜻 남의 오이 밭을 지날 때는 신을 고쳐 신지 말고, 남의 오얏나무 아래에서는 갓을 고쳐 쓰지 말아야 한다.

 남의 오이 밭을 지나다가 몸을 숙여 신발을 고쳐 신으면 몰래 오이를 따는 것으로 오해를 살 수 있고, 남의 오얏나무(자두나무) 아래에서 갓을 고쳐 쓰면 자두 열매를 몰래 따는 것으로 오해 받을 수 있다는 말이에요. 괜히 불필요한 행동을 하여 오해를 사지 말라는 뜻이지요.

 어휘력 '까마귀 날자 배 떨어진다.'의 가르침과 관련 없는 말을 고르세요.

'까마귀 날자 배 떨어진다.'는 서로 관계없는 일이 동시에 일어나 억울하게 의심을 받는 상황을 말해요. 남의 의심 살 만한 불필요한 행동을 하지 말라는 가르침이지요.

① 남의 오이 밭을 지날 때 신을 고쳐 신지 말아라.

② 남의 오얏나무 아래서 갓을 고쳐 매지 말아라.

③ 힘든 일을 참고 견디면 좋은 일이 생긴다.

수요일

도오선자 시오적 道吾善者 是吾賊
도오악자 시오사 道吾惡者 是吾師

> **구절의 뜻** 나의 착함을 말해 주는 사람은 나의 적이요, 나의 좋지 못함을 말해 주는 사람은 나의 스승이다.
>
> 나의 장점만을 골라 칭찬을 늘어놓으며 아부하는 사람은 결국 나를 오만하게 만드니 적이나 다름없어요. 반대로 나의 고칠 점을 말하는 사람은 결국 나에게 깨달음을 주어 나쁜 점을 고치게 하므로 스승이나 마찬가지이지요. 여러분의 주변에는 듣기 좋은 말만 하는 친구가 더 많은가요, 단점도 따끔하게 지적해 주는 친구가 더 많은가요?

나의 잘못을 날카롭게 지적하는 사람은 가까이하면 마음은 불편하지만 결국 잘못을 바로잡게 되니 스승과 같다.

도오악자 시오사
道吾惡者 是吾師

명심보감에 나오는 가르침이에요.

도오악자 시오사
道吾惡者 是吾師

선생님! '몸에 좋은 약은 입에 쓰다.'라는 속담과 같은 뜻이네요!

맞아. 친구에게 지적을 받으면 쓴 약을 먹을 때처럼 고통스럽지. 하지만 지적을 받아들이면 더 좋은 사람이 될 수 있단다.

도오악자 시오사
道吾惡者 是吾師

나도 바른 말을 하는 좋은 친구가 되어야겠다.

단순히 네 마음에 들지 않는 면을 지적하라는 게 아니야. 상대방에게 도움이 될 만한 충고를 해야지.

표현력 괄호 안에 들어갈 말을 바르게 짝지은 것에 O 하세요.

명심보감에는 '나의 착함을 말해 주는 사람은 곧 나의 (　　)이요, 나의 좋지 못함을 말해 주는 사람은 곧 나의 (　　)이다.'라는 가르침이 있어요. 듣기 좋은 말을 하는 사람만 가까이하지 말고, 주변 사람들의 충고도 소중하게 받아들이라는 뜻이지요.

① 빛, 바람　　　　② 적, 스승　　　　③ 어른, 부모

이불문인지비 목불시인지단 耳不聞人之非 目不視人之短
구불언인지과 口不言人之過

구절의 뜻 귀로는 남의 그릇됨을 듣지 말고, 눈으로는 남의 결점을 보지 말고, 입으로는 남의 허물을 말하지 않아야 한다.

친구의 잘못된 점을 보았을 때 혹은 허물을 들었을 때, 들춰내거나 소문내 지 말아야 해요. 나아가 혹시 나에게도 그런 점이 있는지 반성해야 하지요.

뭉식이 너! 왜 받아쓰기 시험지를 가방 안에 숨겨 놨어?

시무룩

너무 많이 틀려서 혼날까 봐 그랬어요. 죄송해요.

히히, 뭉식이가 시험지를 숨겼다가 걸렸구나!

내가 봤다니까? 눈물이 쏙 빠지게 혼나고 있더라고.

정말? 뭉식이가 왜 그랬지?

뭉식아, 엄마께 혼났다며? 괜찮아?

응?

너희는 마음 수양을 더 해야겠다!

독해력 명심보감의 가르침에 맞게 행동한 사람을 고르세요.

명심보감에는 다른 사람의 흉을 들추거나 소문내지 말라는 가르침이 있어요.

① 규리: 동생이 방 청소를 하지 않아서 잘못을 깨달으라고 방 사진을 SNS에 올렸어.

② 강인: 친구를 짠돌이라고 놀렸는데, 알고 보니 내 선물을 사려고 돈을 모으는 거였어.

③ 민재: 아이들이 모여 친구의 흉을 보기에 하지 말라고 말했어.

금요일

일명지사 구유존심어애물 ^{一命之士 苟有存心於愛物}
어인 필유소제 ^{於人 必有所濟}

구절의 뜻 처음으로 벼슬을 하는 사람이더라도 진실로 만물을 사랑하는 마음이 있다면 다른 사람을 잘 이끌 수 있다.

처음 리더의 자리에 오르는 사람이라도 바른 마음만 가지고 있으면 얼마든지 지도자의 역할을 잘해낼 수 있다는 뜻이에요. 여러분도 리더가 되고 싶다면 용기 있게 도전해 보세요.

회장 선거

오늘은 한 학기 동안 우리 반을 이끌 회장을 뽑는 날이에요. 먼저 후보를 추천 받을게요.

레오를 추천합니다. 봉사 활동을 열심히 하는 모습을 보면 우리 반을 위해서도 열심히 일할 것 같아요.

야, 갑자기 나를 추천하면 어떻게 해?

레오 너 회장 하고 싶어 했잖아~.

그건 그렇지만……. 내가 잘할 수 있을까?

당연하지!

 표현력 괄호 안에 공통적으로 들어갈 말에 O 하세요.

명심보감 '치정' 편에는 나라를 다스리는 (　　　)의 마음가짐에 대한 이야기가 들어 있어요. '처음으로 벼슬을 하는 사람이라도 진실로 만물을 사랑하는 마음이 있다면 다른 사람을 잘 이끌 수 있다.'고 하면서 바른 마음을 가진 사람은 경험이 없더라도 좋은 (　　　)가 될 수 있다고 했지요.

① 지도자　　　　② 군인　　　　③ 과학자

쓰기 능력 키우기

선을 따라 글자를 쓰면서 배운 내용을 익히세요.

나	의		착	함	을		말
해		주	는		사	람	은	∨
나	의		적	이	요	,	나
의		좋	지		못	함	을	∨
말	해		주	는		사	람
은		나	의		스	승	이
다	.						

쉬어 가는 페이지

명심보감 익히는 짝 찾기

서로 맞는 짝을 찾아 줄로 이으세요.

나의 착함을 말해 주는 사람은 곧 나의 적이요,	남의 오얏나무 밑을 지날 때는 갓을 고쳐 쓰지 말아야 한다.
남의 오이 밭을 지날 때는 신을 고쳐 신지 말고,	나의 좋지 못함을 말해 주는 사람은 곧 나의 스승이다.
귀로는 남의 그릇됨을 듣지 말고, 눈으로는 남의 결점을 보지 말고,	입으로는 남의 허물을 말하지 않아야 한다.
다른 사람의 선한 면을 보면 거기에서 나의 선함을 찾고,	진실로 만물을 사랑하는 마음이 있으면 다른 사람을 잘 이끌 수 있다.
처음으로 벼슬을 하는 사람이더라도	다른 사람의 악한 면을 보면 거기에서 나의 악함을 찾아야 한다.

명경 소이찰형 明鏡 所以察形
왕자 소이지금 往者 所以知今

구절의 뜻 밝은 거울을 보면 얼굴을 살필 수 있고, 지나간 일을 보면 현재를 알 수 있다.

지금 나의 겉모습을 살피기 위해서는 거울을 보면 되지요. 그러면 지금 내가 바르게 살고 있는지는 어떻게 살필 수 있을까요? 명심보감에서는 과거에 내가 어떻게 행동했는지 돌아보라고 했어요. 지난날 나의 행동이 모여 오늘의 나를 만들기 때문이에요.

 표현력 괄호 안에 들어갈 말을 바르게 짝지은 것에 O 하세요.

명심보감에 '( )은 얼굴을 살필 수 있고, ( )은 현재를 알 수 있다.'라는 구절이 있어요. 지난날 내가 한 행동이 모여 지금의 나를 만드므로, 지금 내가 잘 살고 있는지 살펴보기 위해서는 지난날 내가 바르게 행동했는지 돌아보라는 뜻이에요.

① 거울, 지나간 일   ② 사진, 앞으로 올 일   ③ 우물, 즐거운 일

화호화피난화골 畫虎畫皮難畫骨
지인지면부지심 知人知面不知心

구절의 뜻 호랑이를 그리되 모양은 그릴 수 있으나 뼈는 그리기 어렵고, 사람은 알되 얼굴은 알지만 마음은 알지 못한다.

호랑이를 그릴 때 겉모습은 쉽게 그릴 수 있지만 가죽과 살 안에 숨어 있는 뼈는 그리기 어려운 것처럼, 사람을 사귈 때도 겉으로 보이는 모습은 쉽게 알 수 있지만 꽁꽁 숨겨 놓은 마음까지 모두 알기는 어렵다는 말이에요. 속 마음까지 털어놓을 수 있는 좋은 친구를 사귀는 것이 그만큼 어렵다는 뜻이 기도 하지요.

 **어휘력** 속담을 설명하는 글을 읽고 O 안에 들어갈 말을 고르세요.

'천 길 물속은 알아도 한 길 사람 속은 모른다.'는 속담은 사람의 OOO을 알기 매우 어렵다는 뜻을 가진 속담이에요. 명심보감의 '화호화피난화골 지인지면부지심'과 같은 뜻이지요.

① 뼈 모양   ② 겉모습   ③ 속마음

수요일 　황금천냥 미위귀 黃金千兩 未爲貴
득인일어승천금 得人一語勝千金

구절의 뜻 황금 천 냥이 귀한 것이 아니고, 사람의 좋은 말 한마디 듣는 것이 천금보다 낫다.

황금도 귀하기는 하지만 그보다 더 귀한 것이 있어요. 바로 깨달음을 주는 좋은 말 한마디이지요. 여러분의 주변에는 천금보다 귀중한 좋은 말을 해 줄 수 있는 사람이 있나요?

 독해력 기사를 읽고 느낀 점을 바르게 말한 친구를 고르세요.

올해 수학능력시험에서 만점을 받은 김민주 학생은 인터뷰에서 "담임 선생님께서 열심히 한 만큼 좋은 결과가 나올 거라고 격려의 말을 해 주셔서 힘을 내어 공부할 수 있었습니다. 선생님께 감사 인사를 드리고 싶어요."라고 말했습니다.

① 로아: 말 한마디의 힘이 참 크구나.   ② 성빈: 형제는 사이좋게 지내야 해.

③ 미리: 몸에 좋은 음식이라도 한꺼번에 많이 먹으면 안 돼.

무고이득천금 無故而得千金
불유대복 필유대화 不有大福 必有大禍

구절의 뜻 까닭 없이 천금을 얻는 것은 큰 복이 아니라 큰 재앙이다.

아무런 노력 없이 큰돈을 얻게 되면 꼭 나쁜 일이 뒤따른다는 뜻이에요. 뜻밖의 행운이 다가오기만을 바라지 말고 정직하고 떳떳하게 노력하며 살라는 가르침이지요.

떡볶이 먹고 싶은데, 용돈이 하나도 안 남았네.	어? 유자야, 저거 만 원짜리 아니야?	정말이네? 누가 흘렸지?
나도. 다음 주까지 빈털터리야.		여기 돈 흘리신 분~!

돈 잃어버리신 분 없나요?

하늘이 우리에게 주신 선물인가 봐.

그럼 우리가 주웠으니 이걸로 간식 사 먹을까?

좋아. 얼른 떡볶이 먹으러 가자!

 독해력 대화를 통해 얻은 교훈을 잘못 말한 친구를 고르세요.

아라: 지은아, 그거 알아? 복권에 당첨된 사람들이 대부분 불행하게 살고 있대.

지은: 그래. 큰돈이 생기면 행복할 것 같은데, 오히려 돈 때문에 다툼이 생긴다더라.

① 우리: 뜻밖의 행운만 바라는 것은 어리석은 일이야.

② 가희: 노력하지 않고 얻은 큰돈은 화를 부르지.

③ 송이: 부모님의 은혜를 늘 생각해야 해.

박시후망자 불보 薄施厚望者 不報
귀이망천자 불구 貴而忘賤者 不久

구절의 뜻 적게 베풀고 후한 것을 바라는 자에게는 보답이 없고, 몸이 귀하게 돼서 천했던 때를 잊는 자는 오래가지 못한다.

남에게 조금 베풀고서 크게 보답 받길 바라는 사람은 좋은 대접을 받기 힘들고, 높은 자리에 오른 뒤 옛날 어렵던 시절을 잊어버리는 사람은 결국 신뢰를 잃고 그 자리에서 내려올 수밖에 없어요. 좋은 일을 했다면 생색내지 말고, 명예로운 자리에 올랐다면 그 자리에 오르기 전 마음가짐을 기억하며 겸손히 행동해야 하지요.

 어휘력 **다음 명심보감의 가르침과 비슷한 뜻을 가진 속담에 O 하세요.**

명심보감 '존심' 편의 '귀이망천자 불구'라는 말은 몸이 귀하게 되어 예전 어려울 적
생각을 하지 못하면 그 자리에 오래 있을 수 없다는 뜻이에요.

① 가는 말이 고와야 오는 말이 곱다.　　　② 돌다리도 두들겨 보고 건너라.

③ 개구리 올챙이 적 생각 못 한다.

쓰기 능력 키우기

선을 따라 글자를 쓰면서 배운 내용을 익히세요.

적	게		베	풀	고		후	
한		것	을		바	라	는	✓
자	에	게	는		보	답	이	✓
없	고,		몸	이		귀	하	
게		돼	서		천	했	던	✓
때	를		잊	는		자	는	✓
오	래	가	지		못	한	다.	

명심보감 익히는 사다리 타기 게임

명심보감의 교훈을 잘못 연결한 번호에 모두 O 하세요.

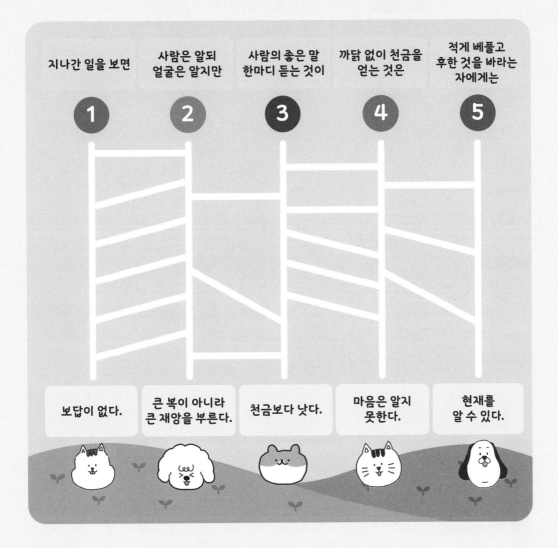

지나간 일을 보면 — 1

사람은 알되 얼굴은 알지만 — 2

사람의 좋은 말 한마디 듣는 것이 — 3

까닭 없이 천금을 얻는 것은 — 4

적게 베풀고 후한 것을 바라는 자에게는 — 5

보답이 없다.

큰 복이 아니라 큰 재앙을 부른다.

천금보다 낫다.

마음은 알지 못한다.

현재를 알 수 있다.

인성여수 수일경즉 人性如水 水一傾則
불가복 성일종즉 불가반 不可復 性一縱則 不可反

> **구절의 뜻** 사람의 성품은 물과 같아서 한 번 기울면 돌이킬 수 없고, 방종해지면 바로잡을 수 없다.
>
> 쏟은 물을 주워 담을 수 없는 것처럼 사람의 성품도 한 번 흐트러지면 되돌리기 매우 어렵다는 말이에요. 그러므로 평소에 좋은 습관을 들이는 것이 중요하답니다.

![표현력 아이콘] **표현력** **둘 중 알맞은 말에 O 하세요.**

'인성여수 수일경즉 불가복 성일종즉 불가반'은 사람의 성품은 (기름 / 물)과 같아서
한 번 기울면 돌이킬 수 없고, (방종해지면 / 올곧아지면) 바로잡을 수 없다는 뜻이
에요.

인일시지분 면백일지우 _{忍一時之忿 免百日之憂}

> **구절의 뜻** 한때의 분함을 참으면 백날의 근심을 면할 수 있다.
>
> 잠깐의 화를 참지 못해 함부로 행동하면 그 일로 인해 큰 걱정이 생길 수 있어요. 반면 치밀어 오르는 화를 잘 참고 넘긴다면 마음이 편안해지고 일도 수월하게 해결할 수 있지요. 이 구절은 괴로움이나 어려움을 참고 견디는 '인내'에 대한 가르침이에요.

 어휘력 '인일시지분 면백일지우'와 비슷한 뜻의 사자성어에 O 하세요.

'인일시지분 면백일지우'는 순간적으로 치밀어 오르는 화를 잘 참고 넘기면 마음이 편안해지고 일도 수월하게 해결할 수 있다는 뜻이에요.

① 고진감래: 힘든 일을 참고 견디면 좋은 일이 생긴다.

② 감언이설: 상대의 마음을 얻기 위해 달콤한 말로 속이다.

③ 동문서답: 묻는 말에 전혀 맞지 않는 엉뚱한 대답을 한다.

수요일 굴기자 능처중 屈己者 能處重
호승자 필우적 好勝者 必遇敵

구절의 뜻 자기를 굽히는 사람은 중요한 지위에 오를 수 있고, 이기기를 좋아하는 사람은 반드시 적을 만나게 된다.

다른 사람을 대할 때 나를 낮추고, 상대를 정중하게 대하면 그로 인해 복을 받게 된대요. 현명한 사람은 자기를 굽히는 것을 부끄러워하지 않는답니다.

 어휘력 다음 명심보감 구절과 비슷한 뜻의 속담에 O 하세요.

'굴기자 능처중 호승자 필우적'은 자기를 굽히는 사람은 중요한 지위에 오를 수 있고, 이기기를 좋아하는 사람은 반드시 적을 만나게 된다는 뜻이에요.

① 가재는 게 편이다: 상황이 비슷한 사람끼리 편을 들어준다.

② 지는 것이 이기는 것이다: 싸워서 이기려 들기보다 양보하는 것이 현명하다.

③ 작은 고추가 더 맵다: 몸집이 작은 사람이 큰 사람보다 행동도 빠르고 재주도 많다.

목요일 아약피인매 양롱불분설 我若被人罵 伴聾不分說

구절의 뜻 내가 만약 남에게 꾸짖음을 당하더라도 못 들은 체하며 옳고 그름을 따지는 말을 하지 않아야 한다.

친구가 나를 험담하는 것을 보았을 때 여러분은 어떻게 하나요? 옛 어른들은 누군가 나를 욕하는 것을 보았더라도 싸우지 말고 못 들은 체하라고 했어요. 그러면 나를 욕하던 사람은 머쓱해지고, 나쁜 말은 허공에서 흩어져 아무 의미 없어진다고 했지요.

 **표현력** 빈칸에 들어갈 알맞은 말에 O 하세요.

명심보감에서는 '누군가 나를 욕하는 것을 보면   '고 가르쳐요.
그러면 나쁜 말은 허공에서 흩어져 아무 의미 없어진다고 했지요.

① 곧바로 찾아가서 따지라.   ② 기억했다가 똑같이 되갚으라.

③ 싸우지 말고 못 들은 체하라.

범사유인정 후래호상견 凡事留人情 後來好相見

구절의 뜻 모든 일을 인자하게 해결하고 정을 남겨 두면 뒷날 만났을 때 좋은 낯으로 서로 보게 된다.

내가 먼저 다른 사람을 따뜻하게 대하면 상대방도 그 마음에 감동하여 나를 존경하고 따르게 된답니다. 또 언제, 어디에서 다시 만나든 서로 따뜻한 마음을 품고 웃으며 볼 수 있지요.

 **독해력** 명심보감을 배우고 바르게 행동한 친구를 고르세요.

'범사유인정 후래호상견'이라는 구절은 모든 일을 인자하게 해결하고 정을 남겨 두면 뒷날 만났을 때 좋은 낯으로 서로 보게 된다는 뜻이에요.

① 나래: 화장실이 급한 친구에게 양보했는데 그 친구가 나에게 휴지를 빌려줬어.

② 지수: 동생이 숙제를 도와달라고 했는데 친구와 약속이 있어서 무시했어.

③ 도영: 친구네 집에서 놀다가 부모님께 인사도 못 드리고 그냥 나왔네!

쓰기 능력 키우기

선을 따라 글자를 쓰면서 배운 내용을 익히세요.

자	기	를		굽	히	는	
사	람	은		중	요	한	
지	위	에		오	를		수 ✓
있	고,		이	기	기	를	
좋	아	하	는		사	람	은 ✓
반	드	시		적	을		만
나	게		된	다.			

명심보감 익히는 가로세로 낱말 퍼즐

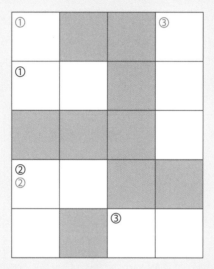

가로 열쇠

① 사람의 성질이나 됨됨이.

'사람의 ○○은 물과 같아서 한 번 기울면 돌이킬 수 없다.'

② 괴로움이나 어려움을 참고 견딤.

③ 어떤 일을 오랫동안 되풀이해서 몸에 익은 행동 방식.

'한 번 들인 ○○은 쉽게 고쳐지지 않으므로 좋은 ○○을 들이는 것이 중요하다.'

세로 열쇠

① 명심보감에서 '인내하고 인정을 베풀라'는 가르침을 담은 부분.

② 마음이 어질고 자애롭다.

'모든 일을 ○○하게 해결하고 정을 남겨 두면 뒷날 만났을 때 좋은 낯으로 서로 보게 된다.'

③ 나의 뜻이나 주장을 꺾고 다른 사람을 따름.

'자기를 ○○○ 사람은 중요한 지위에 오를 수 있다.'

월요일

인생불학 여명명야행 人生不學 如冥冥夜行

구절의 뜻 사람이 배우지 않으면 어둡고 어두운 밤길을 가는 것과 같다.

어두운 밤길을 불 없이 걸으면 힘들고 무섭겠죠? 옛 어른들은 '배움'이 어두운 밤길을 밝히는 등불과 같다고 했어요. 열심히 공부하여 지식을 얻는 것은 인생을 밝히는 등불을 얻는 것과 같으니 배우기를 게을리하지 말라는 가르침이에요.

 표현력 둘 중 알맞은 말에 O 하세요.

'인생불학 여명명야행'은 사람이 (배우지 않으면 / 놀지 않으면) 어둡고 어두운 밤길을 가는 것과 같다는 뜻이에요. 열심히 공부하여 (곡식 / 지식)을 얻는 것은 인생을 밝히는 등불을 얻는 것과 같으니 배우기를 게을리하지 말라는 가르침이지요.

가약빈 불가인빈이폐학 家若貧 不可因貧而廢學
가약부 불가시부이태학 家若富 不可恃富而怠學

구절의 뜻 가난하다고 배우는 것을 포기하지 말고, 부유하더라도 부유한 것을 믿고 학문을 게을리하지 말아라.

가난한 사람에게나 부유한 사람에게나 배우는 일은 중요해요. 옛 어른들은 가난한 사람이 부지런히 배운다면 높은 지위에 올라 뜻을 펼칠 수 있고, 부유한 사람이 부지런히 배운다면 이름이 더욱 빛날 것이라고 했어요.

 어휘력 **사자성어 '형설지공'과 관련 있는 말을 고르세요.**

'형설지공'은 가난해서 밤에 불을 켤 돈이 없었던 선비가 여름에는 반딧불이의 빛에, 겨울에는 하얀 눈에 반사되는 빛에 책을 비추어 글을 읽었다는 이야기에서 유래한 사자성어예요.

① 집안의 어른에게 공손히 인사하라.   ② 가난하다고 배우는 것을 포기하지 마라.

③ 다른 사람의 물건을 탐내지 마라.

박학이독지 博學而篤志
절문이근사 인재기중의 切問而近思 仁在其中矣

구절의 뜻 널리 배워서 뜻을 두텁게 하고, 묻기를 절실히 하여 생각을 가까이하면 어짊이 그 가운데 있다.

공부는 어떻게 하면 좋을까요? 옛 어른들은 먼저 다양한 분야의 책을 많이 읽어 지식을 쌓고, 모르는 것이 있다면 자세히 파고들어 물으며, 주위에서 흔히 보고 들을 수 있는 것들에도 관심을 가지고 지혜를 모으라고 했어요.

 **독해력** 명심보감의 가르침에 맞지 않게 행동한 사람을 고르세요.

'널리 배워서 뜻을 두텁게 하고, 묻기를 절실히 하여 생각을 가까이하면 어짊이 그 가운데 있다.'라는 명심보감 구절은 공부하는 법에 대한 가르침이에요.

① 영우: 역사 책을 읽고 책에 나온 유물을 직접 보고 싶어서 박물관에 다녀왔어.

② 서준: 텔레비전을 보다가 궁금한 게 생겨서 부모님께 여쭤 보았어.

③ 연서: 수업 시간에 모르는 내용이 있었는데 친구들이 싫어할까 봐 질문하지 않았어.

옥불탁 불성기 玉不琢 不成器
인불학 부지의 人不學 不知義

목요일

구절의 뜻 옥은 다듬지 않으면 그릇이 되지 못하고, 사람은 배우지 않으면 의를 알지 못한다.

옥은 잘 다듬어서 그릇이나 장신구로 만들었을 때 가치가 훨씬 높아져요. 사람도 마찬가지이지요. 열심히 배우고 생각을 넓혀야 세상에 도움을 주는 존재가 될 수 있답니다.

화재 현장에서 어린이를 구한 의인을 만나 보겠습니다.

9 뉴스

아이의 목소리를 듣고 그냥 지나칠 수 없었어요. 무사해서 다행입니다.

불길 속에서 어린이를 구한 시민

멋진 분이다.

자기 몸을 바쳐서 위험에 처한 아이를 살리다니!

얘들아, 그런데 '의인'이 뭐야?

정의로운 일을 한 사람을 말해. 도움이 필요한 사람을 위해 때로는 자신의 생명을 바치기도 하는 사람이야.

헐, 다른 사람을 위해 내 목숨을 바친다고? 그런 사람이 어디 있냐?

 표현력 **괄호 안에 들어갈 말에 O 하세요.**

명심보감의 '옥불탁 불성기 인불학 부지의'라는 구절은 '옥은 다듬지 않으면 그릇이
되지 못하고, 사람은 배우지 않으면 (　　)를 알지 못한다.'는 뜻이에요. 열심히 배우
고 생각을 넓혀야 세상에 도움을 주는 존재가 될 수 있다는 가르침이지요.

① 의　　　　　② 충　　　　　③ 애

학여불급 유공실지 學如不及 惟恐失之

금요일

구절의 뜻 배우기를 미치지 못한 것 같이 하고, 배운 것을 잃을까 두려워해야 한다.

배움에는 끝이 없어요. 그래서 옛 어른들은 늘 부족하다는 마음을 가지고 무엇이든 열심히 배우려 노력하고, 이미 알고 있는 것을 잊지 않도록 복습하고, 배운 것을 삶 속에서 실천하라고 했지요.

 독해력 글을 읽고 맞는 말에는 O, 틀린 말에는 X 하세요.

"시험 끝! 지난 책들은 다 버릴 거야!" 시험이 끝나자 하윤이는 교과서를 휙 던졌어요.
그 모습을 본 소희가 한마디 했지요.
"하윤아, 배운 것을 잃을까 두려워하라는 명심보감 구절 잊었어?" 하윤이는 머쓱해
져 책을 주웠어요.

(1) 시험이 끝나자 하윤이는 책을 버리려고 했어요. (　　)

(2) 소희가 하윤이에게 천자문에 나오는 내용을 말해 주었어요. (　　)

쓰기 능력 키우기

선을 따라 글자를 쓰면서 배운 내용을 익히세요.

널	리		배	워	서		뜻
을		두	텁	게		하	고,
묻	기	를		절	실	히	
하	며		생	각	을		가
까	이	하	면		어	짊	이	✓
그		가	운	데		있	다.

쉬어 가는 페이지

명심보감 익히는 짝 찾기

서로 맞는 짝을 찾아 줄로 이으세요.

가난하다고 배우는 것을
포기하지 말고,
부유하더라도

·　　　·

생각을 가까이하면
어짊이 그 가운데 있다.

배우기를 미치지 못한 것
같이 하고,

·　　　·

부유한 것을 믿고
학문을 게을리해서는
안 된다.

사람이 배우지 않으면

·　　　·

사람은 배우지 않으면
의를 알지 못한다.

널리 배워서 뜻을 두텁게
하고, 묻기를 절실히 하여

·　　　·

배운 것을 잃을까
두려워해야 한다.

옥은 다듬지 않으면
그릇이 되지 못하고,

·　　　·

어둡고 어두운 밤길을
가는 것과 같다.

노소장유 천분질서 老少長幼 天分秩序
불가패리이상도야 不可悖理而傷道也

구절의 뜻 늙은이와 젊은이, 어른과 아이는 하늘이 정한 차례이니 도리나 이치에 어긋나게 행동하지 말아야 한다.

어른은 나보다 먼저 이 세상에 태어나 살아온 분들이에요. 바르게 살기 위해 꼭 필요한 지혜와 통찰을 가지고 있는 어른들을 공경하고 예의 바르게 대해야 해요.

 표현력 괄호 안에 들어갈 말을 바르게 짝지은 것에 O 하세요.

'노소장유 천분질서 불가패리이상도야'라는 구절은 (   )와 젊은이, 어른과
(   )는 하늘이 정한 차례이니 도리나 이치에 어긋나게 행동하지 않아야 한다는 말
이에요.

① 신하, 노비   ② 늙은이, 아이   ③ 부모, 형제

군자유용이무례 위란 君子有勇而無禮 爲亂
소인유용이무례 위도 小人有勇而無禮 爲盜

구절의 뜻 군자가 용맹만 있고 예가 없으면 세상을 어지럽게 하고, 소인이 용맹만 있고 예가 없으면 도둑이 된다.

어려움이 닥쳤을 때 극복하고 두려움을 물리치기 위해서는 용기가 필요해요. 하지만 용기가 과해 예의에 벗어나면 무모한 행동이 되어 일을 그르치게 되지요. 옛 어른들은 용맹하면서도 예의 있는 사람이 되어야 한다고 말했어요.

둘 중 알맞은 말에 O 하세요.

명심보감의 '군자유용이무례 위란 소인유용이무례 위도'라는 구절은 (소인 / 군자)

가 용맹만 있고 예가 없으면 세상을 어지럽게 하고, (소인 / 군자)이 용맹만 있고 예

가 없으면 도둑이 된다는 뜻이에요. 용맹하면서도 예의 있는 사람이 되어야 한다는 가르

침이지요.

출문여견대빈 입실여유인 出門如見大賓 入室如有人

　수요일

구절의 뜻 밖에 나설 때는 큰 손님을 대하는 것 같이 하고, 방에 있을 때는 다른 사람이 있는 것 같이 해야 한다.

집 밖에 나가 있을 때는 마치 큰 손님을 대하듯이 몸가짐과 행동을 예의 바르게 해야 해요. 또 방 안에 있을 때는 아무리 혼자 있더라도 다른 사람이 함께 있는 것처럼 행동을 조심해야 하지요. 사람은 혼자 있으면 함부로 행동하기 쉬워요. 옛 어른들은 남이 볼 때나 보지 않을 때나 변함없이 바르게 행동해야 한다고 가르쳤어요.

 어휘력 **다음 속담과 비슷한 뜻을 가진 명심보감의 가르침을 고르세요.**

'집에서 새는 바가지는 밖에서도 샌다.'라는 속담은 집 안에서 잘못된 습관을 들이면
집 밖에서도 잘못된 행동을 그대로 한다는 뜻이에요.

① 모든 일은 순리대로 흘러가기 마련이다.

② 남이 볼 때나 보지 않을 때나 바르게 행동하라.

③ 형제는 손발과 같으니 서로 사랑하고 아껴야 한다.

목요일

약요인중아 무과아중인 若要人重我 無過我重人

구절의 뜻 다른 사람이 나를 중하게 여기길 바란다면, 내가 먼저 남을 중히 여겨야 한다.

 사람은 누구나 귀한 대접을 받기를 원해요. 그런데 나는 소중히 여겨지길 바라면서 다른 사람은 함부로 대할 때가 많지요. 옛 어른들은 내가 먼저 상대방을 귀하게 대접하면 상대방도 나를 소중히 대하기 마련이니, 내가 대접받고 싶은 대로 상대를 대접하라고 가르쳤어요.

어휘력 **명심보감의 가르침과 관련 없는 속담을 고르세요.**

'약요인중아 무과아중인'은 다른 사람이 나를 중하게 여기길 바란다면, 내가 먼저 남을 중히 여겨야 한다는 뜻이에요. 내가 먼저 예의를 지키며 바른 말을 사용해야 상대방도 나에게 친절을 베풀지요.

① 가는 말이 고와야 오는 말이 곱다.　② 가는 정이 있어야 오는 정이 있다.

③ 원숭이도 나무에서 떨어진다.

금요일

부불언자지덕 父不言子之德
자불담부지과 子不談父之過

> **구절의 뜻** 부모는 자식의 덕을 말하지 말고, 자식은 어버이의 허물을 말하지 않아야 한다.
>
> 모든 부모는 자식을 사랑하고 예뻐해요. 하지만 밖에 나가서 자식 자랑을 많이 하면 다른 사람들이 눈살을 찌푸리지요. 한편, 옛 어른들은 자식이 부모의 잘못된 행동을 흉보는 것은 불효라고 했어요. 부모님의 잘못된 행동을 보았을 때는 홀로 계신 틈을 타 조심스럽게 이야기하라고 가르쳤지요.

표현력 둘 중 알맞은 말에 O 하세요.

명심보감의 '부불언자지덕 자불담부지과'라는 구절은 '부모는 자식의 (덕 / 흉)을 말하지 말고, 자식은 어버이의 (건강 / 허물)을 말하지 말라'는 가르침이에요. 옛 어른들은 자식이 부모의 잘못된 행동을 흉보는 것은 (효 / 불효)라고 했어요. 부모님의 잘못된 행동을 보았을 때는 (홀로 / 함께)계신 틈을 타서 조심스럽게 이야기하라고 가르쳤지요.

쓰기 능력 키우기

선을 따라 글자를 쓰면서 배운 내용을 익히세요.

밖	에		나	설		때	는	✓
큰		손	님	을		대	하
는		것		같	이		하
고	,	방	에		있	을
때	는		다	른		사	람
이		있	는		것		같
이		해	야		한	다	.

쉬어 가는 페이지

명심보감 익히는 사다리 타기 게임

명심보감의 교훈을 잘못 연결한 번호에 모두 O 하세요.

늙은이와 젊은이,
어른과 아이는

군자가 용맹만
있고 예가 없으면

방에 혼자
있을 때도

남이 나를 중하게
여기길 바란다면

부모는 자식의
덕을 말하지 말고,

1　　**2**　　**3**　　**4**　　**5**

자식은 어버이의
허물을 말하지
않아야 한다.

다른 사람이
함께 있는 것처럼
해야 한다.

내가 먼저 남을
중히 여겨야 한다.

세상을
어지럽게 한다.

하늘이 정한
차례이다.

월요일

이인지언 난여면서 利人之言 煖如綿絮
상인지어 이여형극 傷人之語 利如荊棘

구절의 뜻 사람을 이롭게 하는 말은 따뜻하기가 솜과 같고, 사람을 상하게 하는 말은 날카롭기가 가시 같다.

내가 입 밖으로 내뱉은 말은 상대방에게 큰 영향을 미칠 수 있어요. 그래서 옛 어른들은 따뜻한 말 한마디는 사람을 부드럽게 감싸는 솜과 같고, 날카로운 말 한마디는 상대방을 칼로 베는 것처럼 큰 아픔을 준다고 했지요. 그만큼 상대방을 배려하여 조심스럽게 말해야 한다는 뜻이에요.

 독해력 글을 읽고 맞는 말에는 O, 틀린 말에는 X 하세요.

승우야, 안녕? 나 은재야. 아침에 내가 교문 앞에서 넘어졌을 때 네가 일으켜 주고 괜찮냐고 위로해 줘서 얼마나 고마웠는지 몰라. 너의 말 덕분에 솜이불을 덮은 것처럼 마음이 따뜻해졌어. 앞으로 나도 위험에 처한 친구가 있으면 달려가서 도울 거야.

2023년 9월 20일 은재가

(1) 은재는 교문 앞에서 넘어졌어요. (　　)

(2) 승우는 넘어진 은재를 보고 놀렸어요. (　　)

화요일

언부중리 불여불언 言不中理 不如不言

> **구절의 뜻** 말이 이치에 맞지 않으면 말하지 아니함만 못하다.
>
>  이치에 맞지 않거나 도리에 맞지 않는 말을 해서 오히려 화를 입는 경우가 있어요. 그래서 말을 하기 전에는 신중하게 생각해 보고 상황에 맞는 말만 해야 돼요. 내가 하려는 말이 옳은지 그른지 모르겠다면 차라리 아무 말도 하지 않고 다른 사람들의 이야기를 듣는 데에 집중하는 것이 낫다고 옛 어른들은 말했어요.

어휘력 글을 읽고 사자성어 '삼사일언'을 바르게 활용한 친구를 고르세요.

'삼사일언(三思一言)'은 '3번 생각하고 한 번 말하라.'는 뜻이에요. 생각을 쉽게 말로
내뱉지 말고, 3번은 생각한 뒤 이치에 맞는 꼭 필요한 말만 하라는 가르침이지요.

① 소리: 제주도는 '삼사일언' 우리나라 최고의 관광지야.

② 민아: 말실수를 자주 하는 동생에게 '삼사일언' 하라고 충고했어.

③ 한빈: 시험을 앞두고 공부를 하지 않아 '삼사일언'에 처했어.

수요일

구시상인부 언시할설도 口是傷人斧 言是割舌刀
폐구심장설 안신처처뢰 閉口深藏舌 安身處處牢

구절의 뜻 입은 사람을 상하게 하는 도끼요, 말은 혀를 베는 칼이니, 입을 막고 혀를 깊이 감추면 몸이 어느 곳에 있어도 편안하다.

내가 쉽게 뱉은 말 한마디 때문에 친구는 깊은 상처를 받을 수 있어요. 그리고 상처 준 말은 결국 나에게 돌아와 내 마음에도 큰 상처를 남기지요. 말은 서로 주고받는 것이기 때문에 더 조심해야 한답니다.

 어휘력 속담을 통해 얻은 교훈을 잘못 말한 친구를 고르세요.

'말 한마디에 천 냥 빚을 갚는다.'는 속담이 있어요. 말을 공손하고 조리 있게 잘하면
아주 어려운 일도 해결할 수 있다는 말이지요.

① 현우: 내가 한 말이 친구에게 상처를 주지 않았는지 되돌아볼 거야.

② 나연: '입을 닫고 혀를 감추면 몸이 편안하다.'는 명심보감 구절이 생각나네.

③ 재우: 목표를 세웠으면 무슨 일이 있어도 지켜야 해.

목요일 일언부중 천어무용 一言不中 千語無用

구절의 뜻 한 마디 말이 맞지 않으면 천 마디 말이 쓸데없다.

말 중에 이치에 맞지 않는 내용이 있다면 신뢰를 잃고 만다는 뜻이에요. 그러므로 내가 책임질 수 있는 말만 신중하게 해야 한답니다. 깊이 생각하지 않고 가볍게 한 말 때문에 망신을 당하는 일은 없어야 하겠죠?

 표현력 빈칸에 들어갈 알맞은 말에 O 하세요.

명심보감에서는 '한 마디 말이 맞지 않으면 천 마디 말이 쓸데없다.'고 했어요. 말 중에 이치에 맞지 않는 내용이 있다면 　　　　　　　　　　는 뜻이에요.

① 신뢰를 잃고 만다.　　　　　　② 몸이 건강해진다.

③ 다른 사람을 설득할 수 있다.

주봉지기천종소 酒逢知己千鍾少
화불투기일구다 話不投機一句多

구절의 뜻 잘 아는 친구와 마시는 술은 천 잔도 적고, 말의 뜻이 맞지 않으면 한 마디도 많다.

마음이 잘 맞는 친구와 함께 보내는 시간은 아무리 길어도 부족하게 느껴지고, 서로 뜻이 맞지 않는 사람과 대화를 하면 한 마디도 잇기 힘들다는 뜻이에요. 말이 잘 통하는 사람과 대화하는 즐거움을 나타낸 말이지요.

독해력 **명심보감의 내용을 잘못 이해한 친구를 고르세요.**

'주봉지기천종소 화불투기일구다'는 마음이 잘 맞는 친구와 보내는 시간은 늘 부족하게 느껴지지만, 뜻이 맞지 않는 사람과는 한 마디도 잇기 힘들다는 말이에요.

① 태연: 말이 잘 통하는 친구를 만나면 시간 가는 줄 모르고 이야기를 나누게 돼.

② 윤아: 서로 뜻이 맞지 않는 사람과 대화하는 것은 무척 힘들어.

③ 승규: 아무리 피곤해도 매일 책 읽는 일을 게을리해서는 안 돼.

쓰기 능력 키우기

선을 따라 글자를 쓰면서 배운 내용을 익히세요.

사	람	을		이	롭	게
하	는		말	은		따	뜻
하	기	가		솜	과		같
고	,	사	람	을		상	하
게		하	는		말	은	
날	카	롭	기	가		칼	과	✓
같	다	.					

122

명심보감 익히는 가로세로 낱말 퍼즐

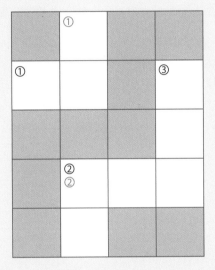

가로 열쇠

① 명심보감에서 '바른 말'에 대한 중요성을 이야기한 부분.

'명심보감 ○○ 편'

② 이익이 있게, 유리하게, 더 좋게 하다.

'사람을 ○○○ 하는 말은 따뜻하기가 솜과 같다.'

세로 열쇠

① 천 마디 말.

'일언부중 ○○무용은 한 마디 말이 맞지 않으면 천 마디 말이 쓸데없다는 뜻이다.'

② 세상, 사물이 움직이는 올바른 원리.

'말이 ○○에 맞지 않으면 말하지 아니함만 못하다.'

③ 상처를 입게 하다, 마음이 언짢아지게 하다.

'입은 사람을 ○○○ 하는 도끼요, 말은 혀를 베는 칼이다.'

월요일

여선인거 여입지란지실 與善人居 如入芝蘭之室
구이불문기향 즉여지화의 久而不聞其香 卽與之化矣

구절의 뜻 착한 사람과 같이 지내는 것은 난초가 있는 방에 들어가 있는 것과 같다. 난초의 향기에 익숙해져 내 몸에도 좋은 향기가 밴다.

함께 어울려 지내는 친구끼리는 자연스럽게 서로 닮아 간다는 뜻이에요. 착한 사람과 친구가 되면 나도 착한 사람이 되고, 나쁜 마음을 가진 사람과 친구가 되면 나에게도 나쁜 마음이 싹튼대요. 그래서 옛 어른들은 서로에게 좋은 영향을 끼치는 친구를 사귀라고 말했어요.

어휘력 '여선인거 여입지란지실 구이불문기향 즉여지화의'는 우정에 대한 가르침이에요. 다음 중 우정과 관련 없는 사자성어를 고르세요.

① 지란지교: 좋은 향기가 나는 난초끼리의 사귐. 맑고 고귀한 우정을 뜻하는 말.

② 근묵자흑: 먹을 가까이하면 검어진다. 나쁜 친구를 사귀면 나쁜 버릇이 생긴다는 말.

③ 소탐대실: 작은 것을 탐하다가 큰 것을 잃는다. 과한 욕심은 화를 부른다는 말.

화요일

상식 만천하 지심능기인 相識 滿天下 知心能幾人

> **구절의 뜻** 서로 얼굴을 아는 사람은 온 세상에 많이 있지만 마음을 아는 사람은 몇이나 되겠는가.
>
> 사람의 겉모습이나 얼굴을 아는 것은 어렵지 않지만, 친구의 마음속까지 이해하고 진심을 나누기는 어려워요. 여러분은 친구와 생각과 마음을 속속들이 나누고 있나요? 또 내 마음을 일일이 말하지 않아도 알아주는 좋은 친구가 있는지도 생각해 보세요.

와! 수업 끝!

오늘은 뭐 하고 놀까?

영어 단어 복습해야 하는데…. 공부하러 간다고 하면 애들이 놀리겠지?

뭉식아, 너도 공원에 갈 거지?

으응.

뭉식아! 나 오늘 너희 집에서 영어 단어 외워도 돼?

그럼! 나도 영어 공부해야 하는데 잘됐다.

 독해력 대화를 읽고 느낀점을 바르게 말한 친구를 고르세요.

수아: 재민아, 나 외국인 베프 생겼다! 이름은 톰이고 한국말을 아주 잘해.

재민: 베스트 프렌드라고? 톰이랑 네 고민도 나눌 수 있어?

수아: 아니. 그만큼 말이 잘 통하지는 않아.

① 원영: 마음까지 나눌 수 있어야 진정한 친구야.

② 진모: 어려움에 처한 친구가 있으면 나서서 도와야지.

③ 진희: 은혜를 입었다면 잊지 말고 다음에 꼭 갚아야 해.

주식형제 천개유 <small>酒食兄弟 千個有</small>
급난지붕 일개무 <small>急難之朋 一個無</small>

수요일

구절의 뜻 서로 술이나 음식을 함께할 때에는 형이니 동생이니 하는 친구가 많으나, 급하고 어려운 일을 당했을 때 도와주는 친구는 하나도 없다.

형편이 넉넉해서 맛있는 것도 사고 선물도 살 수 있을 때는 주위에 친구가 많이 몰리지만, 형편이 어려워져 신세를 져야 하는 처지가 되면 모두 떠나 버리고 말아요. 여러분 곁에는 힘들 때 기댈 수 있는 좋은 친구가 있나요? 또 여러분은 친구에게 든든한 사람인가요?

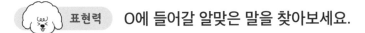 **표현력** O에 들어갈 알맞은 말을 찾아보세요.

명심보감 교우 편의 '주식형제 천개유 급난지붕 일개무'라는 구절은 친구 사이의
OO에 대한 가르침으로, 힘들 때 기댈 수 있는 사람이 진정한 친구라는 의미이지요.

① 질투   ② 우정   ③ 위생

목요일

불결자화 휴요종 <small>不結子花 休要種</small>
무의지붕 불가교 <small>無義之朋 不可交</small>

구절의 뜻 열매를 맺지 않는 꽃은 심지 말고, 의리 없는 친구는 사귀지 않는 것이 좋다.

친구 사이의 믿음과 의리는 식물이 맺는 열매와 같아요. 어려운 일이 생기면 제일 먼저 나서서 돕고, 내가 가진 것을 아낌없이 나누는 의리 있는 사람만이 좋은 친구가 될 수 있지요.

 **독해력** 글을 읽고 상황과 어울리는 명심보감의 가르침을 고르세요.

해인이와 함께 편의점에서 음료수를 고르다가 쌓여 있던 캔을 떨어뜨렸다. "우당탕!" 하는 큰 소리가 났고, 놀란 주인 아저씨가 우리에게 달려오셨다. 그런데 해인이가 손가락으로 나를 가리키며 "얘가 떨어뜨렸어요."라고 말했다.

① 자기를 굽힐줄 아는 사람은 귀한 자리에 오를 수 있다.

② 가난하다고 배움을 게을리하지 말아라.

③ 의리 없는 친구는 사귀지 말아라.

노요지마력 일구견인심 <small>路遙知馬力 日久見人心</small>

금요일

> **구절의 뜻** 길이 멀어야 말의 힘을 알 수 있고, 오래 함께 지내봐야만 그 사람의 마음을 알 수 있다.
>
> 사람은 겉모습만 잠깐 봐서는 잘 알 수 없어요. 함께 많은 이야기를 하고, 경험도 나눠야 그 사람에 대해 잘 알 수 있지요. 오래 타 보아야 말의 힘이 얼마나 센지 알 수 있는 것처럼, 오랜 시간을 함께 보내며 속마음까지 나눌 수 있어야 좋은 친구가 된답니다.

빈칸에 들어갈 알맞은 말에 O 하세요.

명심보감의 '교우' 편에는 '길이 멀어야 말의 힘을 알 수 있고, (잠깐 / 오래) 함께 지내봐야만 그 사람의 마음을 알 수 있다.'는 가르침이 있어요. 오래 타 보아야 말의 힘이 얼마나 센지 알 수 있는 것처럼, 오랜 시간을 함께 보내며 (속마음 / 겉모습)까지 나누어 보아야 좋은 친구인지 판단할 수 있다는 뜻이지요.

쓰기 능력 키우기

선을 따라 글자를 쓰면서 배운 내용을 익히세요.

착	한		사	람	과		같	
이		지	내	는		것	은	✓
난	초	가		있	는		방	
에		들	어	가		있	는	✓
것	과		같	다	.		난	초
의		향	기	가			익	숙
해	져		내		몸	에	도	✓
좋	은		향	기	가		밴	
다	.							

명심보감 익히는 짝 찾기

서로 맞는 짝을 찾아 줄로 이으세요.

열매를 맺지 않는 꽃은 심지 말고,	오래 함께 지내봐야만 그 사람의 마음을 알 수 있다.
서로 술이나 음식을 함께 할 때에는 형이니 동생이니 하는 친구가 많으나,	난초의 향기에 익숙해져 내 몸에도 좋은 향기가 밴다.
서로 얼굴을 아는 사람은 온 세상에 많이 있지만	급하고 어려운 일을 당했을 때 도와주는 친구는 하나도 없다.
길이 멀어야 말의 힘을 알 수 있고,	의리 없는 친구와는 사귀지 않는 것이 좋다.
착한 사람과 같이 지내는 것은 난초가 있는 방에 들어가 있는 것과 같다.	마음을 아는 사람은 몇이나 되겠는가.

**놀면서 배우는
초등 필수 명심보감**

초판 1쇄 발행 2023년 8월 4일

감수 하유정
지은이 초등국어연구소
그린이 유희수
펴낸이 민혜영
펴낸곳 (주)카시오페아 출판사
주소 서울시 마포구 월드컵북로 402 KGIT센터 9층 906호
전화 02-303-5580 | 팩스 02-2179-8768
홈페이지 www.cassiopeiabook.com | 전자우편 editor@cassiopeiabook.com
출판등록 2012년 12월 27일 제2014-000277호

ISBN 979-11-6827-129-6 63710

- 잘못된 책은 구입하신 곳에서 바꿔 드립니다.
- 책값은 뒤표지에 있습니다.